AQUI ENTRARIA O TÍTULO DO LIVRO

SERIA MUITO ÓBVIO, NÃO É?

GUILHERME PINTTO

O ÓBVIO TAMBÉM PRECISA SER DITO

Copyright © Guilherme Pintto, 2019
Copyright © Editora Planeta do Brasil, 2019
Todos os direitos reservados.

Preparação: Fernanda França
Revisão: Project Nine Editorial e Vanessa Almeida
Diagramação: Vivian Oliveira
Capa e projeto gráfico: André Stefanini

Dados Internacionais de Catalogação na Publicação (CIP)
Angélica Ilacqua CRB-8/7057

Pintto, Guilherme
  O óbvio também precisa ser dito / Guilherme Pintto. – São Paulo: Planeta, 2019.
  192 p.

ISBN: 978-85-422-1636-3

1. Técnicas de autoajuda 2. Felicidade 3. Amor 4. Autoestima I. Título

 MISTO
Papel | Apoiando o manejo
florestal responsável
FSC® C005648

Ao escolher este livro, você está apoiando o manejo responsável das florestas do mundo e outras fontes controladas

2025
Todos os direitos desta edição reservados à
EDITORA PLANETA DO BRASIL LTDA.
Rua Bela Cintra, 986 – 4º andar
01415-002 – Consolação
São Paulo-SP
www.planetadelivros.com.br
faleconosco@editoraplaneta.com.br

Óbvio só se torna óbvio porque já se tornou óbvio para todo mundo. Só que às vezes é tão óbvio, que seria óbvio demais precisar dizer. E é aí que este livro entra: vou te relembrar as obviedades da vida, antes que, por ser óbvio demais, alguém esqueça de dizer.

APRESENTAÇÃO

Estamos quase sempre ocupados com o desejo de não ficarmos tão ocupados no futuro. As plataformas que nos conectamos vendem nossos olhos: a ATENÇÃO é o ouro do agora. Sempre há um episódio começando depois da série, há sempre um vídeo depois do que você acabou de assistir, dá para fazer mercado pelo site, pelo celular e ir ao mercado sem falar com ninguém, o computador resolve tudo. Os algoritmos estão sempre à nossa disposição, o tempo todo. Mas... e a nossa comunicação? O nosso tempo com o outro? O que entala? O que vai somando no inconsciente, trancando na garganta, fazendo o corpo ter dificuldade para digerir? Pais que dão presentes por não estarem presentes, jovens que vêm acreditando que a interação nas redes sociais é mais importante que esclarecer o afeto no diálogo, nós que vamos deixando passar, deixando de dizer, porque é menos uma coisa para lidar...

    Um EU TE AMO honesto e em bom tom ainda é poderoso, tá? Ainda é mágico você elogiar alguém que lhe atendeu muito bem, ainda é importante dizer bom dia e boa noite quando entrar no elevador mesmo que exista uma grande possibilidade de não receber nem um murmúrio de volta. Quando pautamos a melhora do mundo e/ou do meio que se vive focando nas próprias atitudes tendemos a ter um controle maior, porque, numa dessas, somos inspiração, viramos exemplos, transformamos realidades muitas vezes sem notar ou sequer que nos digam, mas mudamos; fazendo e falando coisas óbvias.

Meu objetivo com este livro é falar do óbvio, como o próprio título já diz. Mas não venho só para falar dele, venho apresentá-lo, e o mais importante: DISCUTI-LO.

Foi um grande desafio e uma grande delícia também. Minha alma está nele, pois te mostro meus olhos e minhas perspectivas pelos meus dedos. Para quem cresceu lendo Harry Potter entenderá quando eu disser que este livro é uma das minhas horcruxes espalhadas por aí (um dia eu conto quais são as outras).

É claro que o que pode ser óbvio para mim pode ligeiramente não ser óbvio para você, portanto, eu compartilho contigo as minhas obviedades na esperança que elas iluminem o que um dia foi aceso.

E que você compartilhe as suas obviedades com o mundo também, é óbvio.

Com amor,
Guilherme Pintto.

É. ACABOU. MAS VOCÊ NÃO VAI MORRER.

mas vai achar que vai. que está despencando, caindo de um lugar alto enquanto não tem força nem para mover o próprio corpo da dor. sente-se uma flor morta, um buraco no peito. alguém te deu um tiro e é bem provável que a arma possa estar em uma das suas mãos, quando olhar para baixo. um buraco que não some tentando matar a fome, um buraco que não sumiria se a pessoa voltasse. a volta é tão cruel quanto a firme ideia que seguir em frente é o melhor para você. mas você não quer seguir em frente. talvez até deseje, mas pelo amor de Deus, agora não. você só quer se deixar morrer um pouco. isso para quem sente, quem tem culhão e não tem medo de negar o que o corpo grita depois do término. para quem finge, encher o cu de cachaça tende a trazer uma ideia de alívio. porém adianto que nada passa de paliativo. mais cedo ou mais tarde o rompimento liga com 011 para cobrar o que não foi pago. e, anota aí, você vai pagar. então é melhor ir se adiantando.

não existe futuro. não existe a menor possibilidade que vá além do presente. quem sabe apenas um desespero absoluto para ser feliz antes do filho da puta. seria ultrajante demais ser plateia enquanto ele sorri no palco. enquanto ele desfila seu melhor sorriso com quem topou a novidade sem caos, sem incertezas, sem a esperança que daqui um tempo as coisas mudem.

é. você não vai morrer mesmo que morra aos poucos a cada término.
contudo, a decisão de como você renasce após limpar o aguaceiro do rosto
é a salvação para não te deixar oca por dentro.

a volta é tão cruel quanto a firme ideia que seguir em frente é o melhor para você.

O AMOR DA SUA VIDA QUE VOCÊ ACHA QUE É, NA VERDADE, NÃO PASSA APENAS DE UMA ALEGRIA DE COMEÇO.

é, eu sei. ele é gato.
apaixonado por *Grace and Frankie*. grita ensandecido com *How to Get Away With Murder*. nasceu no mesmo dia do meu aniversário. ama o mesmo creme dental. tem aqueles malditos dentes bonitos. tem aquele sotaque do interior, aquela mãe querida e a parceria de tomar chimarrão no fim da tarde depois das seis antes da novela.

ele poderia ter sido o único, porém a vida foi esperta em trazer uma galera cada vez mais parecida comigo para eu abrir mão que "só porque alguém gosta das mesmas coisas idiotas que você, isso não quer dizer que ele seja sua alma gêmea". e que dor quando você descobre isso. que merda é você ver que toda sua idealização romântica começa a cair por terra quando percebe que a reciprocidade não se sustenta na sua idealização narcísica.

não é regra, não é exceção, é um alerta para você avisar seu coração para que ele não se empolgue tanto quando alguém com gostos superparecidos com o seu pareça o amor chegando. também não acho que o amor more no extremo do seu ideal – aliás, afirmar onde o amor supostamente moraria

é uma coragem que ainda tenho. acredito na disposição
da construção, do querer construir junto. e tudo isso é tão
intrínseco, que exigir "esforço" do outro para querer que a
relação dê certo é ser pedante. não se pede. nunca se pede.
a menos que você esteja dentro de um relacionamento há
tempos e precisa de ajuda para arrumar a bagunça e situar
o rumo. aí eu acho que soa legal.

também sei que existem corações querendo cessar as buscas.
mas é preciso que seus proprietários os ensinem a ser menos
ansiosos, a colocarem os óculos da razão e se permitirem a
calma, a sutileza de observar o tempo. para avaliar se daqui
algumas semanas a série favorita não vai perder a graça, se o
creme dental não vai deixar de clarear o dente, se a chupada
virou boring, se o chimarrão ficou virado e a mãe na verdade
se revelou uma chata.

a vassoura sempre varre bem a casa logo quando chega do
mercado.
para de brilhar os olhos com tudo que brilha.
toma uma aguinha com açúcar,
e sossega esse facho.
nem sempre o sinal é o sinal que conecta.

também sei que existem corações querendo cessar as buscas. mas é preciso que seus proprietários os ensinem a ser menos ansiosos, a colocarem os óculos da razão e se permitirem a calma, a sutileza de observar o tempo.

SERÁ QUE O MEDO DO AFETO É DO OUTRO OU VOCÊ QUE AINDA NÃO APRENDEU A ACEITÁ-LO, MESMO O QUERENDO?

herdeiros do caos.
uma mala pesada que causa escoliose.
os olhos não enxergam.
é inconsciente.
herança de papai e mamãe ou do modelo deles.
nem sempre alguém nos diz, porque, você sabe, a transparência do diálogo nas relações não anda muito em voga.
anos e anos achando que é a última pessoa a ser escolhida para amar, assim como foi nos times da escola.
projeta nos outros o medo do afeto.
acha um absurdo as pessoas não terem a coragem de assumir o que sentem, mas perde o intervalo da programação. eis quando surge a notícia:
o medo pode ser seu. o desespero também.
a ansiedade maluca de oficializar logo o relacionamento para garantir a segurança.
assusta-se porém dificilmente se enxerga assustado.
é tão romântico à moda antiga (como vende) que só aceita se for intenso, na loucurada, como dizem os gaúchos.
só que quando passa tudo, quando se percebe ter sido passado por muitos, observa que algo não está certo.

a conta não bate.
o terapeuta fala.
o coração vomita.
o choro começa elucidando aos poucos tudo aquilo que nunca foi conversado antes porque sempre se considerou pesado demais.
herança do passado.
manchas de antigos relacionamentos.
será mesmo que o medo do afeto é do outro
ou você que ainda precisa se permitir para finalmente conhecê-lo?

a conta não bate.
o terapeuta fala.
o coração vomita.

O IDEAL ATÉ PODE EXISTIR E VIR A CONHECÊ-LO, MAS SERÁ QUE O SEU IDEAL É O IDEAL PARA VOCÊ?

todo mundo tem um ideal construído.
tá, todo mundo é generalizar.
digamos que muitas pessoas têm um ideal na cabeça do que seria perfeitamente harmônico para si. e essa idealização é composta por questões físicas a questões comportamentais.
como se a vida fosse um filme do qual você é roteirista e escolhe com quem, como, onde e de que forma.
uma vez um amigo terapeuta disse que havia a possibilidade dentro da terapia que ele aborda de se manifestar a alma gêmea. basicamente você tinha que escrever em uma lista tudo o que deseja encontrar em alguém, inserir alguns pontos importantes que fazem parte da terapia e trabalhar junto a ela.
minha lista tinha trinta e quatro informações.
conheci um cara dois meses depois que tinha trinta e três.
fucking trinta e três.
acredite se quiser.
éramos exatamente iguais.
eu me percebi tão egoico, que acabei criando uma extensão de mim mesmo e projetei isso ao universo.
dizia estar aberto ao novo, mas me via interessado no velho, no já conhecido.

e por já conhecer, a oportunidade de me redescobrir na novidade é escassa, não cresço na divergência.
mas foi interessante porque consegui me ver pelo lado de fora.
já viu dois pinschers brigando?
essa era a cena.
levei todos os rangidos e latidos para a terapia.
queria esquecer,
queria me desconstruir,
queria me desapegar do que eu tinha como verdade do que poderia ser ideal para mim.
aí, quanto mais eu me propunha a valorizar o harmônico e nem sempre o igual, mais as coisas começaram a mudar aos poucos, a cada tentativa...
foi como mudar de apartamento e sentir o vento diferente entrando pela janela.
independentemente de termos uma idealização ou não, é importante que estejamos abertos para sermos surpreendidos por novas visões de mundo.
se estamos seguros e amados,
basta apenas colocar o cinto e aproveitar a viagem.

independentemente de termos uma idealização ou não, é importante que estejamos abertos para sermos surpreendidos por novas visões de mundo.

SER VICIADO EM ESPERANÇA VAI MATAR SUAS EXPECTATIVAS DE OVERDOSE ALGUM DIA.

a espera corrói.
causa aflição.
parece que tem umas dezesseis crianças gritando por dentro.
nervosas e aflitas.
carentes.
é uma sensação de absurdo.
de desaforo.
parece que estão te cobrando uma conta que não é sua.
te colocaram no SPC da saudade e você não pode fazer nada a respeito.
pelas redes sociais ele segue a vida.
pelo silêncio a língua já anda em outra.
mas você espera, porque esperar é a única coisa na qual você consegue se agarrar.
esperar ele falar enquanto você se perde olhando para a boca.
esperar ele terminar de ver o cara gato saindo do teatro.
esperar ele pegar um pouco de distância com o corpo na hora da despedida.
esperar ele reconhecer você como alguém ideal.
mas ideal para quem, meu bem?
você ainda espera porque é especialista em ser escolhida.
acha que não é capaz de escolher.

não dá conta.
é muita audácia para a humildade que lhe foi atribuída.
ou é ou não é.
a realidade se cria pelas atitudes do agora.
ele não é mais o mesmo.
sustente.
aceite isso.
levante-se do sofá,
abra a porta
e agradeça a visita,
tome um banho forte
e ocupe o espaço inteiro da cama.
chega de se matar por dentro.

a realidade se cria pelas atitudes do agora.

NO AMOR, TOME CUIDADO PARA O SOCO NÃO PARECER SOPRO.

ninguém se apaixona pelo soco.
o sopro vem antes.
relacionamento abusivo não começa com baixaria,
ele nasce com a promessa do cuidado.
e como é início, por que diabos alguém desconfiaria de
quem promete abraçar por alguns instantes para te esconder
do caos?
só que com o tempo esse tempo aumenta.
o abraço começa a ficar mais longo,
e, não demora muito, vai deixando de ser fofo.
a estratégia política para angariar seu voto de confiança
é cuidar de você.
e ai de você que pense o contrário, não seja ridícula!
aos poucos, os amigos, pela visão da pessoa em questão,
não são tão "amigos" assim.
reveja. eu só estou querendo te alertar!
as visitas, os rolês, os jantares, as sociais, vão sendo trocados
pela TV, por um rolê somente a dois até um dia vocês
finalmente se tornarem um só.
apenas um cérebro comanda. apenas um ser deve ser adorado.
a relação doentia desestabiliza qualquer vínculo afetivo com
outra pessoa. é ultrajante demais a ideia de você precisar e

conseguir ajuda com alguém que esteja fora da relação.
e não, não interessa se é a mãe, o pai, o tio ou a porra do amigo da faculdade – que é claro que tem segundas intenções –, sou eu, apenas eu e ponto.
você entendeu?
a culpa vai morar junto.
meio que vira um ménage.
meio que vira aquela visita que fica sem saber o que fazer quando o barraco acontece.
mas ela é querida e te abraça todas as vezes.
afinal, você é a culpada.
você pede.
você que cria todas essas situações, sabe?
mas a pessoa vai mudar.
no fundo você acredita que embaixo daquela carne podre há algo de bom que uma hora tomará posse.
no começo as coisas eram tão boas.
uma pessoa incrível...
para onde foi essa pessoa?
será que sonhei ou será que o projetor quebrou?
amigos afastados, emocional um lixo, o espelho informa não reconhecer sua própria identidade.
alguém apagou a luz.
tem um assassino à solta e ninguém faz nada.
há mortes todos os dias.
será que por ser por dentro é por isso que ninguém escuta?
no caso, a vizinha sim.
os amigos cansaram de tentar ajudar.
os familiares largaram de mão.
aí, em uma bela noite, enquanto o garçom termina de encher a taça de vinho e seu corpo luta para cumprir o protocolo,

o casal fofo na mesa à frente risca um isqueiro.
pera aí.
amor, não soco.
o amor
é sopro.

o amor
é sopro.

NÃO SEJA CRUEL DE SE REJEITAR QUANDO FOR REJEITADO. ACONTECE TODOS OS DIAS. E NÃO ACABA AMANHÃ.

você é rejeitado o tempo todo.
em maior ou menor grau.
lidar com a rejeição é perguntar todas as vezes quem realmente somos.
é perguntar tantas vezes até não perguntarmos mais.
lidar com a rejeição é rejeitar a rejeição para não ser mais rejeitado.
é impor o limite, colocar uma faixa amarela em volta de você e do que foi feito.
é preciso analisar com calma para não acontecer de novo.
é entender que a atitude do que fazem com você tem a ver com quem fez.
a forma que idealizam você ou a maneira que dizem como é, fala sobre uma persona que cabe a você aceitar como real ou nem se dar o trabalho de desconstruir a confusão.
a necessidade de comprovar o tempo todo o contrário é um desespero de provar a si que não confia tanto assim na própria verdade.
não dá para ser amado por todos,
tem que aprender que o ódio e a competição irão beber juntos na mesma roda.
serão amigos dos nossos amigos.

serão conhecidos pelo nosso ego.
vai acontecer na balada.
com o melhor amigo.
no aplicativo.
com o seu tio.
em um fim de semana.
certamente na faculdade.
vai acontecer aí e por aqui.
da rejeição ninguém escapa.
por isso, nesses casos,
lembre-se de se amar para não rejeitar você do seu próprio eu.

lidar com a rejeição é perguntar todas as vezes quem realmente somos.

INSISTIR EM CONTINUAR GOSTANDO DE QUEM NÃO GOSTA DE VOCÊ
É DIZER: MUITO OBRIGADO, CONTINUE.
EU NÃO GOSTO TANTO ASSIM DE MIM TAMBÉM.

não convence.
você pode até tentar fazer uma cesta bonita de café da manhã para quando ele chegar, que com cesta ou sem cesta o aplicativo para conhecer pessoas vai continuar bombando.
não é sobre emagrecer, engordar nem ficar forte.
é sobre você ser você, sabe?
algo não encaixa.
as expectativas não encaixam.
seu sentimento é um fardo.
é um compromisso tentar corresponder o que você sente.
é um post-it laranja de uma tarefa que a pessoa precisa resolver.
aí procrastina
leva e vai levando para ver se a necessidade de realizar a tarefa se desfaz com o tempo.
mas fazer o quê, você gosta daquele animal.
sente-se frustrada, mas insiste na teimosia da vitória.
quer virar o jogo.
quer provar para a outra pessoa que você é capaz de ser amada por ela.
eu, sinceramente, desistiria da ideia.
não deitaria mais em uma cama onde há uma parede no meio.

onde você controla a respiração para não ser interpretada de má-fé.
onde você pede beijos na saída e recebe um abraço com o pescoço longe do rosto.
é perda de tempo.
é ser engolida pela espera.
é sentar no corredor de um hospital esperando a alta de alguém de quem você já tem a certidão de óbito.
insistir é se agredir.
é se empurrar do seu próprio eixo.

não adianta pedir,
não resolve se implorar,
não funciona pagar para as moças da encruzilhada adoçar,
azedou.
tá mofado.
joga isso fora.
se despede.
é melhor seguir sentindo a falta de alguém do que ficar sentindo falta.

tá mofado.
joga isso fora.
se despede.

SEJA O AMOR DA SUA VIDA, CARALEO.

começa com um susto,
como se fosse um soluço mesmo.
um insight.
a pessoa olha em volta, para tudo o que está fazendo e algo na cabeça dela acende:
eu preciso fazer alguma coisa aqui!
aí ela desperta.
percebe que não estamos à mercê da sorte e que a nossa realidade possui uma certa parcela sobre atitudes nossas e as de pessoas que nos envolvem.
se amar é um relacionamento longo.
e neste relacionamento é você que escolhe como irá interagir com ele.
quase nunca entrar em contato e Deus me livre discutir questões profundas?
apenas compartilhar "prazer e até logo, meu uber está vindo"?
ou a partir do momento que você reconhece a oportunidade de se relacionar entra no jogo para se apaixonar
pelo envolvido?
é como duas pessoas em uma só.
a forma como você trata essa pessoa é a forma como você
se trata.

é ser um pai e uma mãe,
é ser amigo,
é dizer não,
é se permitir,
é se incentivar,
é se abraçar.
se autocriticar quando deve,
se perdoar quando precisa.
é se pegar pelo braço mentalmente e dizer que é preciso ir embora,
seja de onde for.
com o passar do tempo,
vocês se tornam tão amigos,
que depois de tanta coisa juntos de verdade,
percebe-se um só.
torna-se intrínseco.
preciso.
e mesmo em dias de caos, o abraço vem.
e quando vem, você sente que o amor-próprio é fiel.
finalmente, então, o amor de verdade.

se amar é um relacionamento longo.

AMOR A DISTÂNCIA SÓ DÁ CERTO QUANDO OS ENVOLVIDOS, INDEPENDENTEMENTE DA PROFISSÃO, VIRAM ENGENHEIROS. AMBOS ESTÃO DISPOSTOS A CONSTRUÍREM ALGUMA COISA.

já chorei por duas horas seguidas em um aeroporto.
conheço todos os funcionários do Galeão.
já consegui ótima remarcação de passagem por ser amigo
dos funcionários.
eles já me conheciam de viver por ali.
aquele lugar era a minha ponte favorita entre as casas.
meu celular viciou a bateria.
vivia grudado.
whatsapp, facetime, ligação.
é assim que se constrói uma casa.
marcando em memes, mandando nudes de vez em quando.
é assim que se aquece o relacionamento com a criatividade
do que será feito.
o que faríamos. o que vamos fazer.
a saudade é monstra.
a pauta é sempre a vontade.
se promete muita coisa também.
há sempre um calendário por perto.
há sempre um app com sinalizador de promoção
de passagem.
às vezes se vai de ônibus.
de carona.

às vezes se atravessa três estados só para dormir de conchinha com a pessoa em Paraty.
às vezes é constante, porque, como é difícil, é às vezes.
mas no fundo compensa.
mas no fundo frustra.
há quem espere o tempo que for para a ponte quebrar.
há quem viva meses, anos, e por mais que a ponte doa, o amor é maior.
eu já não tive tanta sorte.
minha ponte despencou,
guardei as malas,
viramos vizinhos.
o amor nunca foi a distância.
na verdade, nunca foi amor.

o amor nunca foi a distância.

CRIE PLANTAS, AFETO E EXPECTATIVAS, SIM. VOCÊ JÁ CRESCEU O SUFICIENTE PARA LER ESTE LIVRO E SE REVITALIZAR QUANDO A CORRESPONDÊNCIA NÃO CHEGAR.

coloque um dedo na boca antes da pessoa terminar.
que ela não se atreva a mentir a ela mesma.
dar conselhos que não segue.
não existe, não tem como.
é perda de tempo.
se o bichinho chega todo cheiroso, falando de consciência de classe, com beijo bom e sorriso torto, você acha que eu vou fazer o quê?
bobagem.
a gente nunca sabe onde vai dar.
até a cartomante se confunde.
dar antes não tira a possibilidade de dar depois.
se tirar, foi livramento.
então eu dou quando quero.
dar possibilidades é não ser blasé.
é não passar a chave na porta.
se alguém bater, eu abro.
mas tem dias que não quero ver ninguém.
não tenho roteiro.
tenho que ter vontade.
o outro tem que ter vontade.
aí funciona.

o problema não é criar expectativas,
é se limitar,
é se esforçar para não sentir,
sendo que no esforço você já está sentindo.
é sobre criar expectativas sem querer pelo outro.

o problema não é criar expectativas,
é se esforçar para não sentir.
sendo que no esforço você já está sentindo.

ENTÃO, SENTIR O QUE EU SINTO É TRISTE. MAS O CASACO COMBINA.

casaco combina.
roupas coloridas são muito coloridas.
são too much para quem prefere menos. ou para quem não está preferindo nada, para ser mais honesto.
é vestir um buraco. é como se fosse um grande casacão que você usa e pesa tudo.
não aquece no inverno, não protege no verão. só pesa.
assim como a cabeça que parece que é um botijão de gás em cima dos ombros.
tudo irrita.
tudo é i r r i t a n t e demais.
principalmente quem pede para você respirar fundo e acreditar que tudo vai dar certo.
as intenções são boas, mas não se está em uma época de reconhecer o que é bom, porque tudo parece pesado demais.
e o peso só aumenta com o tempo.
é como se você fosse um celular que estivesse indo para uma área rural e a conexão com os amigos, com a família e os mais próximos fosse sumindo aos poucos.
até tentam contato, mas o interesse fica ocupado no novo namoro, nos amigos que moram na mesma cidade, no café que fica só na promessa.

e você não faz mais questão.
por que anda tudo tão pesado, sabe?
"aconteceu alguma coisa?"
é o que sempre perguntam.
e você poderia dar uma lista de coisas que aconteceram, mas seria vergonhoso demais expor tudo isso.
a tentativa de cura sempre vem com frases clichês ou com o exemplo de como a pessoa conseguiu superar alguma coisa sempre citando ela mesma.
um abraço profundamente sincero já amenizaria.
você vive em uma outra dimensão.
não tem dias de sol, não tem aquele finzinho da tarde com o céu laranja.
na verdade, até tem.
tem o reconhecimento do quanto aquilo é gostoso e o quanto você gostaria de sentir a sensação de novo.
entretanto, o casaco preto não deixa.
mas o casaco combina.

as intenções são boas, mas não se está em uma época de reconhecer o que é bom, porque tudo parece pesado demais.
e o peso só aumenta com o tempo.

SE NEM FODE NEM SAI DE CIMA, UM PÉ NA BUNDA AJUDA A DESOCUPAR A MOITA.

você cheira a leite.
não beija quando vai nem fode quando fica.
é o meio-termo que ninguém quer,
o morno que ninguém suporta.
não se compromete para não perder a pose.
não arrisca diálogos mais profundos porque não sabe nadar.
não se envolve, porque tem medo de não ganhar mais as cinco estrelinhas heteronormativas do pai.
vende liberdade, mas morre de vontade.
é fugaz.
é raso porque o afeto assusta,
desestabiliza o controle.
prefere dar as cartas e goza da aceitação quando
o jogo termina.
só que nem sempre termina quando o jogo acaba.
veste camisa, mas esconde o desejo de arrancar os botões,
dizer que é meu,
de evoluir junto e pegar na mão quando o outro declara medo.
prefere dormir na viagem.
só aprendeu a apanhar,
a ser cuspido,
a amar no inferno.

só respira no planejado.
causa pane com divergências.
não aceita.
pede para calar o bico,
ganhando no grito que ninguém escuta.
só quando o peito dá uma bronca.
continua a vida porque é o que sabe fazer de melhor.
se encantando por corpos cheios de salada para botar
no currículo.
nunca se sabe quando se terá uma mesa de bar e amigos.
roda,
beija, beija, beija
e se afoga no buraco da cama
com a joana, maria, ou, quem sabe, josé ou mariana?
deixa traços,
marca com abraços,
mas não segura,
não fica.
até convence,
mas ainda cheira a leite.

é fugaz.
é raso porque o afeto assusta

ESPERAR POR QUEM NÃO VEM É TOMAR BANHO COM O PRÓPRIO TEMPO ENQUANTO ELE SE ESVAI PELO RALO.

você espera.
conta com a sorte que o tempo mude.
o tempo,
é ele.
a estação é inverno.
casacos não adiantam.
aquelas mensagens que chegam para ver se você ainda está com a luz da sala acesa
não te esquentam.
logo esfria.
tá ouvindo?
é assim mesmo.
o silêncio não faz barulho.
só cria um enorme protesto de dor embaixo da carne.
você espera.
e ele continua.
continua sua vida fatídica sendo uma pessoa funcional enquanto conta histórias para desconhecidos sobre a vez que ficou muito louco em Amsterdã.
e você espera.
espera feito uma pessoa emocional que é demitida pela manhã e trabalha o dia todo para receber a carta de demissão

às dezoito horas.
o rompimento só pode ser legítimo se for explícito.
não compreende a sutileza do distanciamento.
você espera.
e ele continua.

o silêncio não faz barulho.
só cria um enorme protesto de dor embaixo da carne.

QUANDO VOCÊ SENTIR QUE NÃO SE SENTE SUFICIENTE EM UM RELACIONAMENTO, TALVEZ A INSUFICIÊNCIA NÃO SEJA EXCLUSIVAMENTE SOBRE VOCÊ.

você não é boa.
não se iluda, você não é boa.
não é suficiente para dar as mãos em público, para receber likes seguidos nas selfies, para dormir cansada e acordar ao lado.
aliás, você não tem lado.
você cede um espaço para ele transitar enquanto decide o quanto fica.
não é você que troca de canal.
nem precisa conferir a velocidade permitida, a mão dele já está no freio.
ele não quer seu futuro, quer apenas gozar na sua cara e ver sua liberdade presa pelo ego enquanto seus olhos gritam a vontade de ficar.
você não convence abrindo o coração,
as pernas,
os braços.
você se abriu tanto que a porta pesa quando fecha,
só que não fecha, pesa.
não fechou,
tá fechando.
tenha fé, vai fechar.

já falei que você não é boa?
então,
é porque você pode ser melhor.

ele não quer seu futuro, quer apenas gozar na sua cara e ver sua liberdade presa pelo ego enquanto seus olhos gritam a vontade de ficar.

CUIDADO AO SE VITIMIZAR, SUAS RELAÇÕES DIZEM MUITO MAIS DE VOCÊ DO QUE VOCÊ DIZ SOBRE SI MESMO.

a verdade é que tu não tens a menor ideia do que é receber carinho.
prefere continuar olhando por debaixo dos óculos de sol qualquer oportunidade interessante de meter a língua – eu enxergo melhor do que as minhas paranoias, meu amô.

não te culpo por não saber reconhecer o afeto, mas fico puto por achar que o teu mínimo era o bastante. nunca foi. mas eu já deveria ter desconfiado de alguém que só faltou pedir um troféu por ter dividido a conta, a exclusividade do tempo no fim de semana.

o pior de tudo é que no fundo eu sabia que eu te enxergava como o cara que estaria no final do meu trabalho e tu me via como alguém potencial, mas nada além para falar do chefe, compartilhar memes e inflar teu ego com as minhas declarações espontâneas.

cheguei até a perguntar, rolaram as dr's, mas a loucura de não estarmos na mesma vibe era toda minha, não é mesmo? pau no teu cu.

o pouco que tu disseste e muito do que tu não disseste foi o que mais me destruiu. é verdade que a gente sai mais "maduro" das relações, mas também sai uma carcaça. sai não acreditando em porra nenhuma. sai tão pesado que às vezes parece que não teremos força com o próprio corpo.

mas a beleza de tudo isso é que sempre me reinventei no caos andando de salto enquanto junto os cacos por aí. te superar não vai ser nenhuma novidade.

não te desejo cuidado nem atenção na responsabilidade emocional da próxima pessoa que você for falar que ama panquecas, porque tu já és grandinho.

e mais cedo ou mais tarde,
vai precisar crescer.

não te culpo por não saber reconhecer o afeto, mas fico puto por achar que o teu mínimo era o bastante. nunca foi.

QUE TE CHAMEM DE TROUXA POR GOSTAR DEMAIS, MAS QUE NÃO TENHAM A CORAGEM DE DIZER QUE VOCÊ NUNCA FOI CAPAZ DE SENTIR NADA.

certa vez comprei um livro para uma pessoa com quem eu estava ficando. o livro em tirinhas representava as relações de modo geral e como torná-las ainda mais saudáveis. gostei da proposta assim como também estava gostando dele.
corri para o outro lado da cidade para almoçar onde o rapaz trabalhava. minha ideia não era encontrá-lo, mas conhecer o lugar do qual falava com tanto amor. sou curioso pelo mundo que me contam cheio de entusiasmo e, ali, claramente todos os detalhes respiravam sua personalidade.
o rosto dele quando me viu indo em direção ao caixa foi como ter ouvido pratos caindo da mesa, quebrando todos juntos sem dar tempo de salvar nada. pedaços.
inconscientemente eu não era bem-vindo.
conscientemente apenas um havia achado aquilo uma boa ideia.
fui pra casa alimentando ser uma paranoia, já que houve um esforço para me tratar da melhor forma possível.
inconscientemente eu era um invasor.
tudo isso fez eu me sentir mal,
trouxa,
um ansioso.
a frustração passou,

a promessa de "nunca mais farei nada parecido" veio,
a reflexão chegou.
era um livro. um livro com dedicatória simples por alguém que escolheu entre tantos restaurantes mais próximos experimentar o mais longe.
um livro e alguém com fome.
talvez com uma cara de bobo e coração na boca, mas sem cartaz, sem carros de som, sem votos de namoro.
achei injusto continuar me sentindo mal por ter sido eu.
por pensar em me podar para não me machucar de novo.
e por quê?
isso só me anularia e me deslocaria de quem realmente eu sou de verdade.
passou.
pessoas legais nem sempre estarão na mesma sintonia.
isso não nos faz trouxas por demonstrarmos afeto
e nem as torna monstros por não entenderem.
elas simplesmente não se conectam.
e a gente não pode fazer nada a respeito.

passou.
pessoas legais nem sempre estarão na mesma sintonia.

FAZ UM DESENHO, COISA LINDA. COMPRE UMA FLOR, ESCREVE UM BILHETE, FAÇA UM ORAL BEM-FEITO. MAS ESQUECE A IDEIA DE DEMONSTRAR AFETO COM CIÚMES, QUE O AMOR É EMPODERADO DEMAIS PARA DEIXAR QUE VOCÊ O SEGURE PELO BRAÇO.

é uma grande explosão.
uma bomba nuclear por dentro.
quem passa por isso, percebe que ela cresce a partir do peito até se espalhar por tudo.
o corpo inteiro aquece.
a cabeça parece uma tampa da panela de pressão.
xiiiiiiiiiiiiiiiiiiiiiiiiiiiiiiiiiiiiiiiiiiiiiiiiiiiiiiiiiiiiiiiiiiiiiiiiiii.
segura, porque é muito provável que alguém perca o controle.
"não é medo de te perder, amor, é pavor"
e apavora mesmo
e não demonstra nada.
é só insegurança.
quando a autoestima dá uma volta.
sentir, muitas vezes, é inevitável.
e ela é toda ariana.
furiosa.
baixinha emburrada.
a raiva do *Divertidamente*.
dizem que não dá para controlar, mas é mentira.
é só respirar direito e dar o surto no banheiro.
sem plateia.
sem querer mostrar para o outro o quanto você gosta.

pode se fazer isso de outras formas,
fazendo um desenho, chamando para viajar, falando bem da
pessoa para os pais.
até um oral bem-feito é sinal.
agora, querer provar amor com posse é insulto.
é ofensa, sabe?
tem que apostar na liberdade.
no diálogo.
no "fiquei chateada com isso, podemos conversar?",
ser adulta.
agir como uma.
e mesmo na exclusividade da monogamia,
lembrar que você é livre a ponto de deixar que o outro
voe junto.
sem pegar pelo braço e dar chiliques.
sem obrigar ninguém a excluir ninguém só porque você não
se acha tão bonita assim.
todo mundo é belo de um jeito,
e ninguém está aqui para competir.
lave seu rosto e encare seus defeitos.
deseje ser uma pessoa melhor e seja.
faça esforço.
faça carinho
e peça desculpas.
controle a si mesma,
já que você não tem o poder de controlar nada por aqui.

você não tem o poder de controlar nada por aqui.

VOCÊ NÃO PRECISA PERDOAR QUEM TE FEZ ALGUM MAL. A ÚNICA PESSOA QUE MERECE SEU PERDÃO É QUEM VOCÊ ENXERGA NO ESPELHO.

eu me sentia muito culpado.
cresci apanhando, sendo chamado de tudo quanto foi nome.
não existia incentivo à autoestima, a proposta era justamente o contrário.
fui ensinado a me odiar.
ainda lembro da faca para baixo e para cima enquanto uma voz pesada ameaçava dizendo que se eu contasse dos socos e dos chutes todos ali morreriam.
mamãe estava doente.
triste.
quase morta deitada em cima da cama.
olhos pretos.
olheiras adultas.
névoa densa dentro do quarto.
aquele apartamento era escuro.
o inferno morava nele.
quando o relógio anunciava treze horas
treze e quinze o corpo já gritava SOCORRO com a mão grossa e cascuda tapando qualquer possibilidade de ajuda.
e assim foi,
dos seis aos catorze.
crescendo e absorvendo que amor é violência.

ninguém botou em um quadro, mas o inconsciente aprendeu assim.
até hoje tento explicar para ele que as coisas são diferentes.
até hoje eu luto para não ouvir aqueles gritos de novo.
só que eles ficaram tão marcados em mim, que meu corpo ficou sujo.
ficou podre daquelas mãos mortas de afeto,
daqueles dedos marginais que só souberam destruir as plantinhas bonitas do vaso da mamãe e jogar toda a nossa comida fora.
ele quase acabou com tudo que havia de bom em nós.
por isso que eu creio no amor.
porque, quando ninguém mais podia, foi ele que deu força para mamãe sair da cama, pegar pela minha mãozinha, pelo dedinho do meu irmão e fugirmos rua afora.
livres com o vento frio batendo no rosto pelas ruas de Pelotas e com um medo absurdo de um gol a qualquer momento estacionar perto de nós.
livres do estupro emocional.
depois desse dia, corrermos por mais três anos para finalmente a gasolina do carro acabar.
mamãe fez muita faxina,
mas a casa só começou ser a limpa mesmo quando consegui sentar na poltrona da terapeuta.
e ali, para você que lê, foi um grande passo até eu me tornar o homenzinho que sou hoje.
o autoperdão veio em mergulhar no lodo para me tirar de lá,
para lembrar que eu era apenas uma criança,
que nada, mesmo com toda esperteza do mundo, nada ali poderia ser feito,
porque o que foi feito foi completamente desumano e cruel.

eu era apenas um bebê mais velho.
as primeiras sessões eu chorava e olhava para a porta.
meu maior terror era sentir o cheiro de álcool entrando antes do molho de chaves girar o trinco.
o autoperdão veio depois de inúmeros mergulhos,
fui aprendendo a me abraçar e me cuidar em dias pesados.
faço isso até hoje.
sei muito bem dos monstros que rondam meu apartamento,
mas a minha lanterna é forte e está sempre com bateria.
mesmo com as marcas invisíveis que carrego,
eu dei um jeito de dar a volta por cima.
meu corpo já sofreu crueldade demais para eu continuar sendo cruel me culpando.
eu preciso me amar para continuar vivendo.

meu corpo já sofreu crueldade demais para eu continuar sendo cruel me culpando.

NEM SEMPRE UM MAIS UM É IGUAL A DOIS. ÀS VEZES, RESULTA EM ZERO, ARREPENDIMENTO E ALGUMAS SAUDADES.

eu tinha um melhor amigo.
amor de alma.
era um relacionamento sem botar a boca no que tenho igual.
história de vida parecida.
memes preferidos.
ansiedade pela nova temporada das mesmas séries.
na minha cabeça iríamos morrer juntos.
comprar uma casa de praia.
nossos filhos se chamariam de primos.
nossos amores seriam amigos o tanto que a gente era amigo.
era.
foi.
que dor.
ele sempre foi focado.
focou tanto em uma coisa só que me deixou cair da garupa e não olhou mais para trás.
tá certo que no começo fui eu que empurrei ele da bicicleta, mas depois que ele voltou para me buscar, eu era a pessoa mais feliz desse mundo.
aí foi a vez dele de me jogar com força para fora.
só que dessa vez ele não me deixou cair sem querer,
ele me empurrou.

na verdade, não exatamente ele, nessa bicicleta já havia três pessoas.
e fui jogado por aquela desalmada.
ele como queria seguir viagem, concordou que eu pesava.
e como todo mundo quer chegar mais rápido onde deseja, o peso ficou.
nem me deu tchau.
nem levantou a mão.
nem me olhou com olhar triste de "não posso fazer nada agora".
quando eu caí, não demorou muito para eu cair em um buraco.
fiquei lá um tempo.
meses.
no fundo eu achava que ele voltaria para me buscar.
só me dei conta que me afogaria ainda mais, quando vi que o outro amigo também foi jogado para fora da bicicleta mais à frente.
a mãe.
a família inteira.
só restaram ele e ela naquela bicicleta que, de uma coisa eu tenho certeza,
só se tornou ainda mais pesada.

nem me deu tchau.
nem levantou a mão.
nem me olhou com olhar triste de "não posso fazer nada agora".

É SUPERIMPORTANTE QUE A CADA FIM DE CICLO VOCÊ CONTINUE LUTANDO PELA IMPORTÂNCIA DO LUTO.

eu namorei um garoto que dizia que tudo se resolvia com uma boa dose de uísque.
sofrimento para ele era uma mera opção (branco classe média alta),
enfim.
para ele, sofrer por algo ou por alguém era desperdiçar o próprio tempo.
e no gozar de seus privilégios, até a página dois, fazia sentido.
no entanto, com o tempo ele foi percebendo que sofrer não é uma opção,
o que realmente é uma alternativa é o tempo que você decide ressignificar a tristeza.
com a nossa sociedade exibicionista, não há espaço para fracassos.
sofrer é fracasso.
influencers não ganham dinheiro sendo tristes na internet,
a audiência deles se eleva por se mostrarem elevados o tempo todo.
(haja rivotril)
então, se ninguém está interessado no fracasso, se não temos espaço para a dor, por que diabos Marília Mendonça faz tanto sucesso?

porque todo mundo sofre.
e quando há alguém que representa isso, a sofrência em coletivo se torna mais fácil.
tem alguém na merda tanto quanto eu.
por isso, quanto mais debates formarmos sobre o que sentimos e o que passamos com outras pessoas, vamos por meio do diálogo deixando de anular sentimentos e os experienciando aos poucos. aprendendo a lidar com eles, assim como reaprendemos a respirar na nossa primeira aula de ioga.
mas aqui, em casos de amor, tá?
relacionamento.
eu nem ousaria falar sobre tristezas mais fortes, como perder um filho, o emprego bacana, o pet de anos.
ainda não atravessei a perda de alguém muito querido.
então não faço a menor de ideia de como é passar por ela.
deixo para quem sabe.
agora, sobre o meu ex,
talvez ele ainda continue bebendo suas boas doses de uísque e aumentando o número de cigarros em uma crise,
mas ele aprendeu a encará-la quando ainda estávamos juntos.
ninguém vem para esse inferno se não for para sofrer nem que seja um pouco.
sejamos criativos para sentir e transformar toda escuridão em afeto com nós mesmos.

sejamos criativos para sentir e transformar toda escuridão em afeto com nós mesmos.

MINHA AVÓ E O BADOO PARTE 2: O DIA EM QUE ELA FINALMENTE EXCLUIU SUA CONTA NO SITE.

lembra da minha avó?
se você não lembra, vai precisar ler meu livro anterior onde eu conto a história completa.
mas eu vou explicar pra você. bom, minha avó é libriana.
foi casada durante muitos anos com o pai da minha mãe, se separou e acabou casando novamente com uma nova pessoa.
mas aí, no auge dos seus sessenta e poucos anos, ela descobriu uma traição... juntou as malinhas do velho e mandou ele procurar a nova vida dele.
claro que não foi tão simples assim, porque foi extremamente dolorido e penoso, mas, na época, foi a melhor decisão.
e os anos foram passando.
para grande parte dos librianos, a procura pelo amor é inerente.
para minha avó, talvez uma comprovação da possibilidade de o amor existir dentro do seu ideal.
meu tio mora em outro país. é vizinho, é atravessar a fronteira, dá para ir de carro, mas é outro país. é longe e volta para casa a cada quinze ou trinta dias.
minha mãe mora em outro estado. dezesseis horas de viagem. é longe.
minha avó só tem os dois filhos.

e como ela mesma me disse inúmeras vezes, a solidão corrói o ser humano por dentro.
e corrói mesmo.
maaaaaaaaaaaas a vida prega algumas peças e eu espero sinceramente que você ame a história, porque eu sou apaixonado por ela.

minha avó sempre amou ir a bailes, dançar, divertir-se um pouco. ela já realizou inúmeras cirurgias nas pernas, deixando-a, por longos anos, sem conseguir caminhar direito.
depois que se recuperou, foi botar o corpo para jogo.
mais que certa.
na volta para casa, minha avó sempre pegava táxi da mesma frota. e nessa frota havia um senhor que era apaixonado por ela havia anos...
só que há um pequeno porém aí.
por mais que a vó seja educada e querida com todo mundo, ela é fechada, não dá entrada.
um belo fim de tarde, voltando para casa, o senhor joga verde: "a senhora tem que arrumar alguém para lhe fazer companhia!"
"DEUS ME LIVRE! o que eu quero com homem me incomodando? eu sou livre!"

assustado, não tocou mais no assunto.
os meses passaram.
as caronas vieram.
um evento superfamoso no Rio Grande do Sul e mega--adorado pela minha avó estava prestes a acontecer.
voltando para casa após mais um baile, eis que...

"E aí, Dona Ana, como foi o baile?"
"Horrível, só gastei meu dinheiro."
"Não vai para a Expofeira este ano?"
"Até iria, mas minha irmã ficou doente e não temos como ir nessas condições..."
"Bom, eu estou muito afim de ir e estou procurando uma parceria, se você quiser ir na amizade..."

minha avó, surpreendentemente, aceitou.
no dia de eles irem com a excursão para o evento, caiu um temporal muito forte (minha avó morre de medo de temporal) e acabaram desistindo da viagem e ficando por ali mesmo.
ficaram e foram ficando.
alguns meses depois ele pediu a mão dela em namoro.
e eu juro para você, foi um dos dias mais felizes da minha vida.
porque, no olhar dela, dava para ver a felicidade transbordando.

eles estão juntos até hoje.
ele acorda mais cedo, faz o café da manhã para ela.
ajuda a diminuir alguns vícios (como doce) que a avó tem,
ele é bom para ela assim como é ela amorosa com ele.
há amor ali.
e, para mim, era tudo o que uma libriana sábia precisava para seguir sua jornada mais leve e compartilhada ao lado de alguém especial.
tudo tem seu tempo.

a solidão corrói o ser humano por dentro.

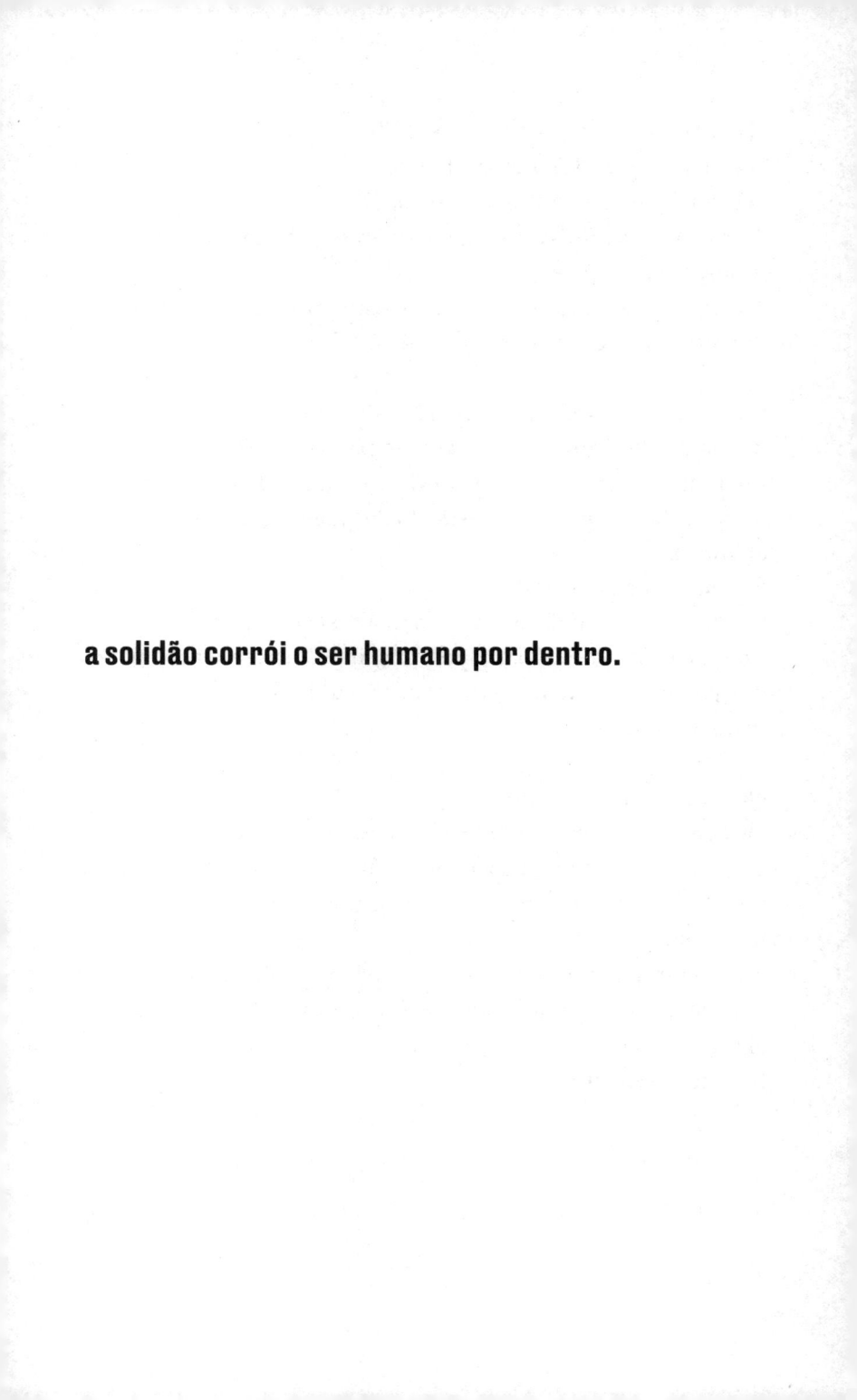

VOCÊ PRECISA SABER A DIFERENÇA ENTRE SOLIDÃO E SOLITUDE. SABER CRUZAR DO SILÊNCIO INVASIVO À CALMA DESEJADA.

uma é o estado emocional negativo, a outra é a consciência de querer estar só.
uma corrói por dentro, a outra reveste.
para uma o silêncio é ensurdecedor, para a outra, é a calma.
em um lado é um bote no meio do mar sem refúgio, no outro é um dia de sol na praia com um bom livro.
solidão é estar no meio de uma festa lotada desacompanhada até de si, solitude é se divertir sem a pressa do amigo voltar logo do banheiro.
é sempre precisar de alguém para fazer alguma coisa; é fazer alguma coisa sem precisar de alguém.
é entrar em pânico porque alguém vai embora; é ficar arrasada, mas confiante, porque ainda tem a si.
é se isolar para evitar o desafio de não ser capaz; é estar junto mesmo não sendo ótima ou nem perto da média já que fazer parte é suficiente.
não se escolhe sentir solidão.
há gatilhos.
porquês.
passado.
o pior de tudo é que muitas vezes pouca gente enxerga alguém só.

a solidão engana com sorrisos arquitetados.
até mesmo para os mais rodeados,
até mesmo para os mais jovens,
até mesmo para os mais bem-sucedidos.
estes dariam tudo para serem aceitos.
inseridos.
amados.
compreendidos.
por isso, um lembrete:
pratique a solitude para se esconder da solidão.

não se escolhe sentir solidão.
há gatilhos.
porquês.
passado.

OS FILHOS QUE CRESCERAM SEM OS PAIS POSSUEM ALGO EM COMUM: ELES NÃO TIVERAM NADA A VER COM ISSO.

eu cresci sem pai.
cresci com a enorme vontade de ter um.
sempre foi um sentimento de incompletude.
tudo o que tinha do meu pai biológico era uma foto três por quatro e uma matéria em que ele havia saído com a minha mãe em um jornal da época.
pareciam famosos.
cresci com aquela enorme expectativa.
queria um pai maneiro, sabe? descoladão. afetuoso. que me apoiasse com alguma grana em momentos difíceis, que me desse colo quando mamãe não conseguisse.
revezar as ligações sempre foi meu sonho.
ligar para papai e depois para mamãe antes de decidir algo.
queria ser o filho mimado. amado. protegido.
tive que lutar desde muito cedo e isso acabou me endurecendo bastante.
tenho pouca paciência para quem cresceu em uma redoma.
às vezes eu acho que tenho inveja.
crescer sem pai foi muito difícil pra mim.
adoro famílias construídas.
eu não tenho a menor ideia do que é organização de uma ou de me sentir confortável tendo duas pessoas com quem contar.

eu acho que me sinto assim porque sempre tive que ser o pai da minha mãe.
e mesmo quando a minha mãe faz o papel de mãe, meu corpo entra em alerta pensando que está dormindo em horário de trabalho.
aos dezessete anos, tinha uma colega que toda a escola dizia que nós éramos irmãos. ao mostrar o seu facebook para mamãe, ela quase teve um infarto.
mamãe empalideceu ao ver o sobrenome.
a guria era minha prima de primeiro grau.
ela deu de ombros e falou que não gostaria de se envolver no caso.
mas, por força do destino, conheci a irmã dela que arquitetou tudo.
aos dezoito anos, logo após a minha primeira formatura, conheci meu pai junto com os meus avós.
eu era um grande segredo. família evangélica. filho fora do casamento. como assim, sabe?
foi difícil.
meus avós foram uns amores. afetuosos. carinhosos. guigui pra cá, guigui para lá.
meu pai foi querido, mas um muro gelado.
percebi de onde herdei a minha habilidade de jogar gelo nas pessoas quando não sei lidar direito com a situação.
os meses foram passando, ligações acontecendo, o geminiano falando mais de uma hora seguida ao telefone.
queria, do dia para noite, saber de todas as novidades e me trazer os conselhos que ouvia por aí.
na época eu precisava de um quilo de arroz. de lápis. de um lanchinho para não ficar até às onze da noite me entupindo de café e comendo todos os biscoitos do cursinho.

a fome me dava ódio.
desisti dele.
não queria conselhos, queria feijão. preocupação.
mas depois fui perceber que ele também lutava para sobreviver.
fui indo.
me relacionando com pessoas que passavam pelo meu buraco.
jamais admitiria que sentia falta dele.
sentia falta do que poderia ter com ele.
mas ele não.
cresci ouvindo que fui rejeitado e a história era ótima.
dava embasamento para todos os meus traumas.
e aí, cinco anos depois, deitado no divã, a terapeuta fala:
"você tem que procurar este homem para descobrirmos se de fato você foi rejeitado ou não. precisamos disso para você, não por ele".
e assim, não foi.
claro que não aceitei no começo.
meu orgulho enfiou o dedo na cara do discurso dela e falou que não seria humilhado de novo.
o corpo não aguentava mais socos.
mas era outubro.
eu faço aniversário em outubro.
e eu odiava aniversários.
odiava, porque, por mais que viessem quase todos meus amigos (porque nem todo mundo aparece) eu sempre sentia que faltava alguém.
mandei mensagem para o meu irmão no facebook pedindo o número do meu pai.
ele me chamou de MANO.
eu amo a palavra mano. ainda mais vindo do meu irmão.
é legítimo.

liguei para ele, falei que precisava esclarecer algumas coisas e que tudo isso tinha que ser antes do dia 20 de outubro.
quinta-feira, dia 18, estava eu dentro de um ônibus indo para Porto Alegre comendo o meu vale-lanche que ganhei superfeliz e morrendo de medo.
horas mais tarde, eu abraçava meu irmão, recebia chá de outro e assistia à minha madrasta nos olhando com amor antes de todos irem para suas camas.

eu acho que ainda sou um filho sem pai, sabe?
ainda estou construindo a relação com o meu.
acho que vai demorar, porque, como você sabe, amor é um rolê que leva anos.
confesso que me sinto melhor e menos desamparado só com ele me ligando quase todo dia para me falar de um artigo que leu na internet, que super me ajudaria no meu trabalho.
acho que seremos bons amigos.
sei da minha sorte de ter descoberto que nunca fui rejeitado, que houve negligência...
mas, ah... passado, sabe?
já tive o tempo de ficar puto.
bancar o juiz e apontar culpados só vai desestabilizar minha energia.
estou feliz com a ideia de ir ao casamento do meu irmão de vinte e três anos daqui uns meses.
acho que aos poucos, sem eu nem perceber, vou me sentir em casa como jamais me senti antes.
também sei que muitos não têm a mesma sorte.
seja porque são filhos LGBTs e o amor perdeu para o preconceito.
seja porque são mulheres e o amor perdeu para o machismo.

seja porque os pais abriram mão da oportunidade do amor com seus filhos.

e, para os filhos que cresceram sem pais, são nossos buracos, que devem ser cuidados e preenchidos como cada um consegue, com o que acha de melhor.

o mais seguro para mim, até hoje, foi encher de amor-próprio.

o resto não deu certo.

o mais seguro para mim, até hoje, foi me encher de amor-próprio.
o resto não deu certo.

**VOCÊ SE APAIXONA POR INSTANTES E VAI COLECIONANDO.
VAI JUNTANDO TODOS ELES ATÉ UMA HORA PERCEBER QUE VOCÊ NÃO AMA A PESSOA APENAS PELA PESSOA.
VOCÊ AMA OS INSTANTES.
O NÓS.
O VOCÊS.**

eu estava na balada quando conheci quem vou chamar de Grace.
nós não somos de balada.
nós nunca mais fomos para uma balada depois daquele dia.
inclusive, super rolava uma competição para ver quem era o mais velho de nós.
por incrível que pareça, ele ganhava.
Carpinejar, no meu livro favorito, *Para onde vai o amor?*, fala que "a gente conhece com quem a gente vai se separar quando se casa",
e no olhar dele,
fez eu enxergar a luz que havia naquela alma.
foi a relação mais gostosa de aprendizado que tive.
os dois cheios de demandas.
como se cada um batesse na porta do outro, com um pouco de vergonha, perguntando se havia alguma chave de fenda para emprestar... havia algumas coisas para se consertar com uma certa urgência.
e assim foi.
foram meses onde de amantes passamos a melhores amigos.
eu com meu jeito espontâneo; ele, da galera dos hexágonos, centrado.

foi uma troca tão linda de experiência, que eu amei aquele
guri quando conheci a alma dele.
e eu tenho a plena certeza de que o que tivemos ali foi amor.
foi afeto.
foi verdadeiro.
a gentileza de como ele cuidava de mim e da nossa relação
se tornou uma referência para o que eu chamo de ideal hoje
em dia.
não para alguém vir e corresponder, mas para me dar um
norte do que é saudável e prazeroso.
este rapaz me trouxe o presente de aproveitar as
oportunidades que a vida nos lança.
de abrir mão da ideia que as experiências mais profundas
só se tornam legítimas se forem vividas dentro de um
relacionamento formal.
e mesmo quebrando toda a construção do que dizem ser um,
nós tivemos o nosso.
por mais que eu descreva as inúmeras sensações de ter
compartilhado cada momento com ele,
cada aventura,
rolê gastronômico,
as conquistas acadêmicas,
horas rindo loucamente com *Grace and Frankie*,
os conselhos mediante análise sem tom professoral,
jantinhas veganas,
eu só agradeço do fundo do meu enorme coração a
oportunidade de ter me apaixonado por esse ser.
e agradeço mais ainda por ter partido levando o nós que é vivo
até hoje sem a dor da partida.
nada é para sempre, mas o que extraímos, é eterno.

nada é para sempre, mas o que extraímos, é eterno.

SEJAM BEM VIADOS.

eu sempre fui a bichinha.
a mariquinha.
o viadinho.
viver num país que mais mata LGBTs no mundo não é para qualquer peito que tem força para encarar a hipocrisia.
você é o primeiro palavrão que aprende.
você cresce sendo a primeira ofensa que te colocam na boca.
de bichinha, meu bem, você tem que se tornar uma bichona.
nunca esqueço de uma vez que fui assumir o cargo em uma agência, os sócios tiveram que fazer uma reunião com a equipe para antecipar que um homoafetivo entraria para o time.
nunca ouvi nada que me desrespeitasse diretamente, mas na festa de fim de ano da empresa eu nunca me senti tão humilhado no meio daquele bando de bostas.
talvez eles nunca souberam e nunca vão saber do meu desconforto daquelas piadas homofóbicas intermitentes durante aqueles longos dois dias, talvez nunca alguém tenha chegado, batido palmas, pedido atenção e explicado com gentileza e maturidade que aquilo ali não cabe, não é engraçado, já que tem alguém na roda que não está rindo.
e eu, por não ter culhão na época, perdi minha oportunidade.

e assim vamos nós.
alguns preferem vender a felicidade para se submeterem a um relacionamento heteronormativo.
se os fiscais de cu baterem na porta, pelo menos, a fachada está em ordem.
e aí vai.
pais que destroem o laço afetivo com seus filhos convictos que DEUS não os ama.
logo DEUS, em caps, onipotente, todo-poderoso, vai ficar puto com o amor?
acho mais coerente ele ficar boladaço quando usam o nome dele e da religião para alienar e separar.
quando utilizam da vulnerabilidade de quem se sustenta pela fé para propagar a intolerância, demonizando o diferente.
foda-se o acolhimento!
vamos amar o próximo que seja igual a gente.
o resto, vai tudo para o inferno.
só que o inferno, meus amigos, é viver no país aqui.
é assistir a seus direitos sendo revogados a cada instante,
é ver sempre raivinha em posts com pautas LGBTs,
é ver pessoas indignadas porque também podemos casar legalmente,
é andar de mãos dadas com a pessoa que você ama sabendo que a qualquer momento algo de ruim pode acontecer pelo simples fato de você ser quem é.
é militar para continuar existindo.
seja você de gola polo, travesti, de barba e de salto,
nosso arco-íris é completude, nossa arma é a força
do diálogo.
do fortalecimento da comunidade.

da naturalização interna para estabelecermos para o coletivo.
nossa luta não é de hoje,
então sejamos bem viados.

nossa arma é a força.
do diálogo.

MUDAR O MUNDO É FAZER ALGO EXTRAORDINÁRIO. TODO MUNDO QUER. MAS O QUANTO A GENTE MUDA PARA TRANSFORMAR O MUNDO?

a ideia de querer mudar o mundo.
de abrir todo o dia a janela e esperar que faça sol.
de querer que o namorado mude.
que a mina que você está saindo tenha uma postura diferente, porque, senão, não dá.
que o chefe deixe de ser um bosta.
que o cara do correio melhore a cara e trate melhor as pessoas.
que a mãe não fique mandando áudios enormes e vídeos com mensagens motivacionais com mais de três minutos que você nunca escuta.
que o amigo mimado saia da bolha e pare de achar que todo mundo tem a obrigação de ficar lambendo as conversas dele.
e você?
quando vai sacudir os farelos do colo e pensar em como lidar com tudo isso?
começando em separar o lixo e se masturbar no quarto para evitar o desperdício de água no chuveiro?
meditar antes de ir para o trabalho e colocar um guarda-chuva na mochila para se prevenir do tempo feio?
conversar com o namorado sobre as atitudes ruins e encontrar uma forma de lidar com o que não pode ser mudado?

aceitar o comportamento da mina e lembrar de anotar que tentar mudar alguém é desperdício de tempo e significa ser pedante, ainda mais no início?
entender que grande parte das cobranças do chefe são profissionais passando bem longe do seu pessoal?
lembrar que o cara do correio pode ter um salário de merda, uma vida de merda, e que no máximo você pode dar um bom dia e não esperar receber nada além do serviço bem-feito de volta?
perceber que a maioria das mães são assim mesmo, que os mais velhos adoram mandar emoji do dedo com certinho para tudo, que os áudios você pode ouvir da metade para o fim (sempre funciona) e nem precisa baixar os vídeos para mandar um "ai, que lindo. adorei!"?
eu sei que você quer mudar o mundo.
eu também quero.
todo mundo quer.
todo mundo anseia em realizar a jornada do herói e ser lembrado por ter feito algo de bom.
ótimo!
mas nessa ânsia de mudar mundos e fundos,
meio que nos perdermos na esperança de que algo mude,
que algo de bom aconteça
e na espera, pouco muda, quase nada acontece.
então, se juntarmos as pequenas mudancinhas,
eu com as minhas, você com as suas, talvez a gente não mude o mundo,
mas transforme a realidade à nossa volta.

meio que nos perdermos na esperança de que
algo mude,
que algo de bom aconteça
e na espera, pouco muda, quase nada acontece.

**VOCÊ PRECISA DEIXAR IR PARA NÃO FICAR PRESA NAS PRÓPRIAS EXPECTATIVAS QUE MORRERAM.
ACEITE A MORTE E CELEBRE NO ENTERRO. CRIÁ-LAS TE TROUXE A MATURIDADE DE EDUCÁ-LAS QUANDO NASCEREM DE NOVO.**

tem vezes que não dá.
não há desejo que sustente.
não há amor de um lado, por mais forte que seja, que sirva de pilar para sustentar a casa.
não importa se esse alguém é o alguém que você sempre idealizou que vai impedir que o indesejado aconteça.
não vai ter nada que você possa fazer que mude a ideia do outro.
não vai importar quantos vídeos você for assistir para aprender a conquistá-lo pelo signo.
não vai importar as preces,
as promessas,
o número de vezes que stalkeia e elabora hipóteses.
o número de vezes que acessa as memórias para ir atrás de novas respostas que possam ter passado despercebidas.
o tanto de vezes que fala em encontros programados, o quanto você o faria feliz e quentinho em seus braços no fim do dia.
você deixou de ser o desejo.
você deixou de ser o pilar.
você deixou de ser o entusiasmo.
você deixou de ser o futuro.

é o presente que não interessa mais.
alguém para quem se manda um oi, tudo bem,
de quem se visualiza os posts porque estão ali,
à disposição para serem vistos na plataforma.
não porque pesquisa,
nem porque interessa.
mas porque estão ali,
e aqui implorando por atenção pelas indiretas
nas redes sociais.
quanto tempo vai durar,
não sabemos.
mas o conselho é que não se demore muito,
já faz um tempo que chegou a sua vez de soltar.

não vai ter nada que você possa fazer que mude a ideia do outro.
não vai importar quantos vídeos você for assistir para aprender a conquistá-lo pelo signo.
não vai importar as preces,
as promessas.

QUAL A DIFICULDADE DE DIZER NÃO SE SUSTENTAR O SIM É A PARTE MAIS DIFÍCIL?

desculpe, mas não.
não posso.
então, hoje eu não consigo.
olha só, hoje não vai dar.
vixi, pode ser em outro momento?
vou viajar.
estou satisfeito, obrigado.
não precisa, estou ótimo!
não me sinto confortável.
então, acho que não estamos na mesma sintonia, sabe?
não quero.
é muita gentileza sua, mas eu sou intolerante.
desculpa, só com camisinha.
um amigo está sentado nela, foi ao banheiro. desculpa!
não mesmo, eu quero meu dinheiro de volta!
não, obrigado.
Deus me livre!
hoje não, Faro.
podemos ver isso amanhã?
vamos nos falando.
claro, a gente combina.
vê com a sua mãe.

vê com o seu pai.
então, é que tô enrolado com algumas coisas...
hoje estou cansado.
visualizado e não respondido.
não quero mais falar sobre o assunto.
por que você ainda continua me mandando mensagem?
eu não vou falar de novo!
chega!
vão vocês, se eu pilhar, mando mensagem e encontro vocês lá.
desconversar o assunto.
o problema não é você, sabe?
a gente aqui na empresa adora seu trabalho e queria muito te dar um aumento, mas infelizmente estamos com o orçamento apertado.
você é maravilhosa, mas...
nós já conversamos sobre isso.
não.

não para quem cansou de dizer sim.

**QUE MEDO DE LEVAR CHIFRE, O QUÊ.
ATÉ PARECE QUE SE TEM CONTROLE DO DESEJO ALHEIO.**

mania de culpar o corno.
já não basta os chifres também ganha de brinde a culpa.
a insuficiência.
a maldita sensação de ser um bosta na relação.
um carro velho que não se garante na estrada.
se for mulher a traída, então.
ferrou.
o cara sai como comedor e ela como corna.
o pior de tudo é o que povo ajuda.
adora um alarde.
um barraco de bbb.
fazer da pessoa que não tem nada a ver a protagonista da história.
quase sempre rolam uns gritos,
o povo sai no tapa,
espera na porta do motel embaixo da árvore,
abre o whatsapp,
encontra dentro de uma pastinha o grindr.
a traição a dois vira um ménage da baixaria,
um tentando explicar enquanto o outro se esforça para entender a necessidade do egoísmo.
botam a culpa no casamento,

botam a culpa na crise,
botam a culpa no instinto,
botam a culpa no outro,
botam a culpa no inesperado.
insultam nossa inteligência sabendo que a realização do desejo foi pensada.
decidiu-se por aquilo.
se tem perdão, aí cada sujeito vira delegado e analisa o caso.
há quem tenha fiança,
há quem fique preso,
há quem ganhe liberdade.
independentemente do que for escolhido, é importante lembrarmos quem é o culpado.
o crime de irresponsabilidade emocional jamais pode ser transferido.
saibamos separar a vítima do traidor.

o crime de irresponsabilidade emocional jamais pode ser transferido.

MESMO QUE O DIÁLOGO SEJA NO MESMO FUSO HORÁRIO, O TEMPO E AS PRIORIDADES SÃO DIFERENTES EM CADA RELÓGIO.

incrível como tudo é sobre a gente, né?
experimenta brigar com um amigo e entrar nas redes sociais dele logo em seguida.
parece que até o post que a pessoa compartilha incentivando os amigos a doarem para alguma ONG é para mostrar o quão altruísta o ser humano é.
dá um ranço.
pessoa respira e minha vontade é dar um soco.
aí é eu que respiro para não dar uma de louca.
e com quem estamos ficando, então?
a pessoa está on-line e a mensagem acabou de ser enviada, a pessoa entra e sai, entra e sai, como se fosse um MSN e não te responde.
já passa pela cabeça... mas ué?
qual a dificuldade do ser abençoado responder à mensagem antes de bloquear o celular de novo?
aí a gente deixa de ser louca mais uma vez e lembra que nem ele, nem você e nem ninguém tem a obrigação de responder alguém imediatamente mesmo que esteja on-line.
"ai, mas que óbvio."
e o nome do livro é qual, meu anjo?
vamos lá!

organizamos nossas medições de afeto com o que consideramos que é importante para nós.

há uma lista (muitas vezes inconsciente) do que caracterizamos como demonstração de interesse e o que entendemos como ausência dele.

por exemplo, dormir com alguém, para minha amiga, significa estar megaenvolvido emocionalmente com a pessoa.

para mim, significa nada.

desde que a pessoa não fique me apertando a noite toda e atrapalhando meu sono, tá ótimo.

o sono pode vir da consequência de um sexo casual e não representar nada mais do que isso. agora, se eu dormisse com a minha amiga, por exemplo, depois de transar com ela, já teríamos uma discordância aí.

por isso o diálogo é importante. a desconstrução desses joguinhos de relacionamento performáticos que só fazem os envolvidos ficarem ainda mais confusos sobre o que está acontecendo por ali.

o que pode significar muito para você, pode fazer nenhum sentido para o outro.

o tempo que você leva para responder a mensagem de alguém varia muito de pessoa para pessoa a partir do momento que são analisados os contextos, a relação de uso do celular, a rotina, as prioridades de cada um.

nem tudo é sobre a gente, sabe?

e quanto mais interessados nos tornarmos pelas pluralidades, maiores serão as nossas chances de não acharmos que tudo é sobre nós.

nem tudo é sobre a gente, sabe?

CUIDE DA CARÊNCIA ANTES QUE ELA TENHA FORÇA O SUFICIENTE PARA CARREGAR VOCÊ NO COLO.

é superimportante que você trate.
procure ajuda, coloque no crédito a ida ao divã.
quanto mais você procrastina, mais você espera por uma solução.
quanto mais demora, mais pessoas você coloca no buraco.
mais compras bota no buraco.
quanto mais o tempo passa e você deixa de olhar para isso, com mais trabalho você preenche o buraco até não ver nenhum espaço sobrando.
depois que sentiu que encheu tudo,
qualquer mendigo vira rei.
qualquer oportunidade de negócio mata a fome.
qualquer desconhecido se torna amigo de anos.
todo pouco se torna muito.
toda migalha vira sustento.
abrir mão do grão que se tem é ficar sem chão.
é voltar à procura.
quando recebe o pacote, devora no mesmo dia ou sai distribuindo por aí.
não sabe guardar.
posta em tudo quanto é espaço.
quer mostrar de todas as formas que ganhou de presente.

chegou meio atrasado, não sabe se vai demorar muito, mas o importante é compartilhar logo para mostrar que também pode, que também ganha.
e mesmo cheio de roupas,
dá para ver o buraco de longe de tão grande.
dá para sentir a sede por mensagem,
dá para perceber o desespero no olhar de quem pretende matar a fome em um beijo na balada.
e o povo passa.
faz cosquinhas no buraco,
aponta o buraco,
se assusta com o buraco.
tudo é grande demais para caber ali
ou tudo é pequeno demais para tapar a ferida.
e, por sorte, quando se encontra algo que funcione como curativo para a ferida, há um prazo.
se a carência não for curada, uma hora a lama vem e leva todo emocional por autoestima abaixo.

tudo é grande demais para caber ali
ou tudo é pequeno demais para tapar a ferida.

CUIDADO COM O LIXO ACUMULADO. RELAÇÕES TÓXICAS FAZEM MAL À SAÚDE. RECICLE SEUS RELACIONAMENTOS.

acho que o mais difícil de perceber que estamos vivendo algo tóxico é quando há amor envolvido.
seja ele na forma romântica, seja ele familiar, seja ele nas amizades.
admitir que a relação que temos está nos intoxicando é assumir para nós mesmos a responsabilidade de fazer algo a respeito disso. por isso muitas vezes deixamos.
fingimos que não estamos vendo, prometendo olhar com calma outra hora.
a toxicidade da relação vai enfraquecendo os pulmões, apagando o brilho da personalidade, matando a essência aos poucos.
dentro de casa em um ambiente machista, opressor, conservador,
ao lado de amizades competitivas,
rodeado de pessoas que só fazem você questionar o autopotencial o tempo todo.
amor não é fazer sacrifícios.
não é lutar por uma amizade que já está fracassada.
moldar a personalidade para agradar as expectativas dos pais.
se afeta o emocional, é tóxico.

se afeta para o lado negativo a forma como você se sente,
é abusivo.
até te avisam sobre o lixo em que você possa andar pisando,
mas o contato com o chorume é seu,
o quanto isso afeta seu bem-estar é uma responsabilidade sua.
não vire um lixão por não saber se livrar do lixo que te jogam.
recicle sua vida.

admitir que a relação que temos está nos intoxicando é assumir para nós mesmos a responsabilidade de fazer algo a respeito

SER GRATO É BEM MENOS PERFORMÁTICO DO QUE SE PENSA.
TEM A VER COM SUTILEZA.
COM SINCERIDADE.
FAZENDO DA FORMA CERTA,
VOCÊ NEM PRECISA DIZER MUITO OBRIGADO PARA SE MOSTRAR AGRADECIDO.

entre pedir e receber existe o intervalo,
o meio,
a oportunidade de agradecer o que já se tem.
e não agradecer impulsionado por uma moralidade religiosa,
mas porque você se sente realmente grato por desfrutar do
que já veio até você.
tem uma frase que eu acho maravilhosa: "nunca se esqueça do
dia em que você rezava para ter o que tem hoje".
você se lembra de como era no começo das orações?
pense.
seja grato sem ser performático nas redes sociais.
aprecie os momentos e se valorize por ter habilidades que o
ajudaram a chegar aonde você está hoje.
agradeça a gentileza do amigo que te fez uma janta,
ao café da mãe quando você chega em sua casa,
ao colega por se entusiasmar com a sua ideia,
ao escritor que te emprestou as palavras para que mudanças
acontecessem,
ao professor pela aula maravilhosa,
ao artista que te impactou de alguma forma.
o agradecer nem sempre é sobre dizer muito obrigado,

mas fazer alguma coisa,
de modo que o outro entenda,
que você se mostrou sinceramente agradecido.

aprecie os momentos e se valorize por ter habilidades que o ajudaram a chegar aonde você está hoje.

SERÁ QUE VOCÊ NÃO PERCEBE QUE AO ECONOMIZAR NAS RELAÇÕES VOCÊ ESTÁ PERDENDO DE GANHAR EXPERIÊNCIA NA VULNERABILIDADE?

medo de ser mal interpretado.
há uma grande caixa do que pode e do que não pode ser feito.
não dá para mandar muita coisa para não parecer desesperado.
música, então... melhor segurar um pouco.
na casualidade, o mais aconselhável é não ficar abraçadinho depois do sexo.
melhor não perguntar muito sobre o outro.
nem compartilhar as vulnerabilidades.
mais seguro é não descobrir muita coisa, porque, por segurança, ambos ficam cientes que se envolveram apenas na superfície.
eu sempre acho (e talvez eu mude de ideia com o tempo) que nunca é sobre o tempo do outro estar atravessado com o seu,
até pode ser e até já vivi isso,
mas eu acredito que a questão vai muito além,
pra mim, tem a ver com conexão.
e, em muitos casos, medo.
a construção de um relacionamento assusta, seja porque muitos estão presos em um ideal romântico,
seja porque a responsabilidade e a demanda emocional,

para o momento, não são bem-vindas.
ou até mesmo porque a pessoa é incrível, mas não é
tão incrível assim para instigar o outro a querer um
relacionamento com ela.
que bad, mas paciência.
acontece do lado de cá também.
quando se quer, só se quer. não se há muitas dúvidas do que
pode vir a acontecer, já que a presença do outro na vida da
pessoa vem a se tornar a principal prioridade.
por isso, eu não economizo nas minhas demonstrações.
danço conforme a música,
crio espaço para o outro perceber que a reciprocidade é uma
via de mão dupla,
e vou curtindo até onde dá.
a gente nunca sabe se quando batem na porta é para um
chimarrão, para algumas semanas ou para a vida,
e como tudo é muito incerto,
aproveito cada gole antes que a porta bata de novo.
não é meu perfil economizar.

a construção de um relacionamento assusta, seja porque muitos estão presos em um ideal romântico, seja porque a responsabilidade e a demanda emocional, para o momento, não são bem-vindas.

QUEM É VOCÊ DE VERDADE? O QUE SEUS PAIS QUEREM QUE VOCÊ SEJA OU AQUILO QUE VOCÊ PRETENDE, MAS AINDA NÃO É?

eu lembro que só fui descobrir quem eu era de verdade quando saí de casa.

quando, pela primeira vez, peguei as moedas que tinha e fui fazer um mochilão pelo Brasil.

do sul ao nordeste com novecentos e setenta e cinco reais.

do sul ao nordeste pegando carona.

do sul ao nordeste ficando na casa de pessoas desconhecidas.

vendendo sanduíches dentro do ônibus,

contando para desconhecidos a minha principal busca na viagem: o encontro comigo mesmo.

percebi no meio da estrada que havia muito da minha família em mim. que o olhar de mundo deles já não combinava mais comigo, e por mais que fosse triste admitir aquilo, de alguma forma eu me sentia anulado, sem criatividade, sem acesso à minha própria essência.

o meu verdadeiro eu mesmo só veio a aparecer quando já estava morando sozinho.

saí de casa em meio ao barraco, aos gritos.

liguei para um amigo, pedi para ele me ajudar com as coisas e fui.

não importava mais a idade, é como se a vida gritasse de desespero para eu fazer alguma coisa logo e foi a melhor coisa que fiz.

eu amo minha mãe e a considero uma das minhas melhores amigas. temos intimidade para falarmos sobre tudo, no entanto, a convivência foi se tornando desgastante.
após o longo processo de ela cortar definitivamente o cordão umbilical e internalizar que o filho havia crescido, nossa relação foi de seis para dez.
moro sozinho tem alguns anos já.
amo transitar entre a solidão e solitude de morar só.
de guardar as coisas do meu jeito,
de decorar a casa inteira sem precisar fazer do meu quarto o meu universo.
e nesse fazer e acontecer dentro do nosso lar, é quando vamos nos descobrindo, percebendo habilidades, reformulando opiniões, percebendo a própria personalidade.
também não acho que só saindo de casa é que se descobre quem se é de fato,
mas que é preciso respirar além da bolha e se encher de pluralidade, não tenho dúvidas.
vez ou outra é preciso se autoconhecer sem interferências.

vez ou outra é preciso se autoconhecer sem interferências.

VOCÊ É UM ADULTO QUE PRECISA AGIR COMO UM.

uma vez combinei com um amigo que à noite teríamos uma carne de panela para comer.
ele cozinha mil vezes melhor do que eu, então, a responsabilidade do fogão seria toda dele.
pronto.
fui para a faculdade, voltei todo bonito imaginando pelo caminho inteiro que estava comendo aquele arroz soltinho com aquele caldinho maravilhoso...
quando cheguei em casa, o cheiro. nem pensei muito e fui direto para a panela.
quando abri, só havia o óleo. quando abri o congelador, a minha parte ainda estava congelada.
o surto veio.
eu fiquei puto.
ele ficou puto porque eu fiquei puto.
portas bateram.
antes de dormir, um toc toc na porta do quarto.
tínhamos uma regra de nunca dormirmos brigados. por mais que fosse desconfortável a conversa, sabíamos da importância de mostrar a visão de cada um sobre a briga.
ao sentarmos, ele falou que foi criado a vida toda pela mãe

que o ensinou que quando o outro chegasse, que fizesse seu próprio prato.
e eu fui criado a vida toda com o fato de que, se um já vai fazer algo, não tem o porquê de não fazer o resto para quem também vai comer.
sabíamos que perder tempo em querer mostrar quem estava certo só iria nos desgastar.
que, na verdade, não existe um jeito certo, mas o modo que você aprende e tem isso como verdade.
brigamos pouquíssimas vezes, mas o tanto que brigamos, sempre conversávamos para esclarecer as mágoas e não deixar nada acumulado na relação.
claro que não consigo fazer isso com todos os meus amigos, porque nem todos ainda têm inteligência emocional para sentarmos e gerenciarmos juntos as crises.
mas quando houver a oportunidade, faça.
precisamos agir como adultos.

precisamos agir como adultos.

***

E, por último, um óbvio carinhoso que eu precisava te dizer é: seja leal com você mesmo.
leal com as suas ideias, com as suas paixões, com os seus princípios, com o que você hoje chama de amigos e de amor. não tenha vergonha de expor o reflexo do espelho que ninguém vê e não ouse, jamais, se fantasiar de uma personalidade que não é sua só para tentar parecer mais elegante; uma hora, o projetor quebra.
leve a lealdade no bolso como você levaria um quartzo rosa.
mesmo que os outros não a vejam, o universo sem dúvidas irá perceber.
esteja com a sua luz brilhante.

SEJA LEAL COM VOCÊ MESMO.

E, ah, antes que eu me esqueça:

NEM TUDO QUE ESTE AUTOR DIZ QUE É ÓBVIO, É ÓBVIO.

conheça o primeiro livro do autor

POR QUÊ?

A escrita foi a minha salvação. Eu escrevo desde os seis anos. E dos seis aos catorze eu mergulhei nas palavras porque precisava criar um novo mundo, uma vez que a minha realidade daquela época era insuportável.

Preciso dizer que pensei bastante se deveria ou não contar isso aqui, mas lembro, toda vez que falo para as pessoas sobre escrita, que a conexão só acontece se você estiver entregue, nua e abastecida de si mesma.

Então, como diz a Louie Ponto: "Prepare seu café, seu chá, sua água e senta aí. Vamos conversar!".

Bom, comecei a escrever porque estava cansado de apanhar. Apanhava por ser gay, apanhava verbalmente na escola por ser pobre, apanhava dos olhares de rejeição dos meus familiares por ser a junção de tudo isso.

Minha mãe começou meu processo de alfabetização em casa. Por ser professora, espalhava vários livros pelo tapete da sala, fazendo com que as histórias me chamassem atenção. Sempre fui a louca das histórias. Adoro as espontâneas e simplesmente não suporto aquelas que alugam meu tempo, como se tivéssemos o compromisso de ouvir e amar todas elas. Não. Gosto daquelas que surgem em voz alta no ônibus de volta para casa, do rosto enrugadinho em uma viagem para o interior, daquelas que, quando a gente menos espera, surgem como uma novela passando na cabeça.

Agora minha vida está tranquila, mas foram anos e anos de tortura. Bastava minha mãe sair de casa para o show começar. Soco. Chute. Mão no pescoço até ficar sem ar. Gelo que queimava a pele sem pausa para minimizar os hematomas. Eu prometi pra mim mesmo nunca contar sobre o que se passava em casa para minha mãe e meu irmão, porque tinha medo de que eles acabassem indo para o mesmo lugar que eu quase ia todo dia.

Eu tentei contar uma vez, e foi nessa época que eu vi a morte de perto. Conseguimos fugir aos gritos para a casa da vizinha e jurei pra mim mesmo que protegeria minha família (principalmente minha mãe), ainda que isso me custasse a vida. Foi o que eu fiz até quase os catorze anos.

Aí, menina, eu fui crescendo. Crescendo com o corpo dolorido, com a alma em prantos. Não era só eu que apanhava em silêncio; a cabeça da minha mãe batendo com força contra a parede me mostrava que aquilo ali não poderia ser o mundo, não o meu, não o nosso, não o que as pessoas chamavam de mundo. O mundo em que o amor habitava.

Eu tinha fome e minha mãe, depressão. Mas nunca nos faltou esperança. Eu rezava toda noite, mais forte ainda quando ouvia o molho de chaves virando a fechadura e o cheiro de álcool invadindo a casa. Era questão de minutos para o show de horror começar. E nem me pergunte o motivo, porque se não houvesse um, não era difícil que fosse inventado. O importante era o "para, para, para, para, para, para" acontecer. O importante era gritarmos e ninguém nos ajudar, ninguém para nos salvar, dizendo: "A gente precisa ir embora agora. Peguem apenas algumas roupas e vamos. Agora!".

Meus lugares favoritos dessa época eram as viaturas de polícia, porque lá, sentado no banco de trás, com as luzes girando em silêncio enquanto pessoas de roupão nos olhavam fingindo preocupação, mas tomados de curiosidade, eu sabia que, mesmo que por poucos minutos, ali eu poderia respirar tranquilo.

Depois que eu comecei a ficar mais forte, a agressão se tornou mais elaborada, porque o foco não era mais o corpo, mas o que o sustentava. Eu ouvi de tudo. Passei anos sendo convencido de que não era capaz de nada, de que minha melhor fantasia era um saco de lixo, de que aos seis anos uma criança não pode comemorar por ter aprendido a amarrar o cadarço, pois ela não fez mais que sua obrigação.

E aí, você deve estar se perguntando: *Onde andava a escrita nesse processo todo?*

Ela existia no meu caderno de desenho.

Aqueles que os pais compram para as crianças no primeiro ano da escola.

E por que será que ele ama tanto falar do amor?

Porque eu sempre acreditei nele, mesmo sabendo que o que eu vivenciava em casa não era ele. Eu sempre soube, apesar de toda a minha inexperiência; eu tinha certeza de que, genuinamente, aquilo não era amor. E, então, eu passei a persegui-lo. Passei a encontrá-lo em histórias, em olhares de casais na praça enquanto eu andava de mãos dadas com a minha mãe pelo centro, na esperança que minha avó carregava mesmo estando ao lado de um homem que não parecia amá-la de verdade, nos filmes, nos pais legais das minhas colegas, no futuro que eu desejava ter, só para comprovar que tudo aquilo que eu vivi foi um engano. E hoje eu posso dizer com certeza que, sim, menino Gui, o amor realmente existe.

Eu tinha duas opções: continuar sangrando pelo resto da vida e culpar o universo por isso ou dar um jeito de curar essas feridas. E foi na tentativa de transformar dor em força que eu descobri minha melhor habilidade.

Quando faltavam alguns dias para eu completar catorze anos, resolvi contar à minha mãe, na casa de minha avó, tudo o que eu vinha passando nos últimos anos. Após juntarmos todas as peças, numa conversa em meio a muito choro que invadiu a madrugada, no dia 20 de outubro – dia do meu aniversário – fugimos de casa. E aquele foi o melhor presente de aniversário da minha vida, porque foi ali que eu conheci e senti realmente o que era a liberdade. Foram mais uns dois anos de perseguição, delegacia, mas o conhecimento foi a nossa principal arma de defesa. A ignorância nos manteve em cativeiro por muito tempo, mas a ajuda dos amigos e a vontade de retomarmos o poder das nossas vidas nos deu força para criarmos a nossa própria fortaleza pessoal.

Não foi fácil, viu? Nada fácil.

Mas eu te confesso que sou grato. Não pela experiência, jamais pelo agressor, mas pelo que consegui tirar de toda essa situação.

É por isso que eu amo falar de amor, porque, além de ele ser o sentimento mais poderoso do mundo, ele salva e transforma. E não tô falando do amor que a gente está acostumado a associar, o romântico, mas o amor por si próprio, pelo respeito às nossas cicatrizes, pelo modo como a gente conduz a vida e pelo quanto se esforça para tornar o mundo cada vez melhor.

Talvez, minha querida, se não fosse tudo isso, eu não sei se hoje teríamos este encontro.

Então, a mensagem que eu quero deixar é: não tenha medo da dor. Há sempre um jeito de encontrarmos a cura para ela. É nela que nos transformamos.

seja o amor da sua vida

**Acreditamos
nos livros**

Este livro foi composto em Chronicle, Knockout
e Druk. e impresso pela Gráfica Santa Marta para
a Editora Planeta do Brasil em agosto de 2025.